دروس اللغة العربية
لغير الناطقين بها
للأطفال
THE MEDINAH ARABIC COURSE
FOR CHILDREN
TEXTBOOK LEVEL TWO
تأليف
٢
١٤٣٤ هـ

دُرُوسُ اللُّغَةِ الْعَرَبِيَّةِ لِغَيْرِ النَّاطِقِينَ بِهَا لِلْأَطْفَالِ

The Medinah Arabic Course for Children

- TEXTBOOK LEVEL TWO -

Copyright © 2013 by Peter Wood Young (a.k.a. Muhammed Taha Abdullah)

Second Edition

TAHA ARABIC BOOKS (KT 0294726-K)

ISBN : 978-967-0428-02-4

Please visit both Dr V. Abdur Rahim's website for the Arabic Language, and particularly mine for additional material and tips relating to calligraphy, the Arabic Language, teaching methodology as well as a complete teacher's guide (كِتَابُ الْمُعَلِّم) for the seven-book children's series :

www.DrVaniya.com ***www.Taha-Arabic.com***

Shukran! شُكْرًا! Thank you!

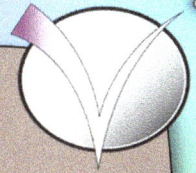

مَعْلُوماتُ الدّارِسِ/الدّارِسَةِ

اَسْمُ التِّلْميذِ/التِّلْميذَةِ : ______________________

الْعُنْوانُ : ______________________

____

____

____

اَسْمُ الْمَدْرَسَةِ : ______________________

اَسْمُ الْأُسْتاذِ/الْأُسْتاذَةِ : ______________________

الْفَصْلُ : ______________________

السَّنَةُ : ______________________

رَقْمُ الْهاتِفِ : ______________________

مَعْلُوماتٌ أُخَرُ شَخْصِيَّةٌ

____

____

____

____

(١) الدَّرْسُ الأَوَّلُ

هٰذا بَيْتٌ.

هٰذا مَسْجِدٌ.

ما هٰذا؟ هٰذا مَسْجِدٌ.

ما هٰذا؟ هٰذا بَيْتٌ.

أَمَسْجِدٌ هٰذا؟ نَعَمْ، هٰذا مَسْجِدٌ.

هٰذا بَيْتٌ، وَهٰذا مَسْجِدٌ.

أَبَيْتٌ هٰذا؟

لا، هٰذا مَسْجِدٌ.

أَمَسْجِدٌ هٰذا؟

لا، هٰذا بَيْتٌ.

أَبَيْتٌ هٰذا؟

نَعَمْ، هٰذا بَيْتٌ.

تَمارِيْن

(١) ٱقْرَأْ وَٱكْتُبْ (ٱقْرَئِي وَٱكْتُبِي) :

مَسْجِدٌ بَيْتٌ هٰذا ما أَ نَعَمْ لا وَ

(٢) ٱقْرَأْ وَٱكْتُبْ (ٱقْرَئِي وَٱكْتُبِي) :

(١) هٰذا بَيْتٌ.

(٢) هٰذا مَسْجِدٌ.

(٣) هٰذا بَيْتٌ، وَهٰذا مَسْجِدٌ.

(٤) أَبَيْتٌ هٰذا؟   لا، هٰذا مَسْجِدٌ.

(٥) ما هٰذا؟   هٰذا بَيْتٌ.

(٦) أَبَيْتٌ هٰذا؟   نَعَمْ، هٰذا بَيْتٌ.

(٣) لَوِّنْ (لَوِّني) هٰذِهِ الصُّورَةَ :

(٢) الدَّرْسُ الثَّانِيْ

هٰذا / ذٰلِكَ

ما هٰذا؟ — هٰذا بَيْتٌ.

وَما ذٰلِكَ؟ — ذٰلِكَ مَسْجِدٌ.

أَمَسْجِدٌ ذٰلِكَ؟ — نَعَمْ، ذٰلِكَ مَسْجِدٌ.

أَبَيْتٌ ذٰلِكَ؟ — لا، ذٰلِكَ مَسْجِدٌ.

تَمارِيْنُ

(١) اِقْرَأْ وَاكْتُبْ (اِقْرَئِي وَاكْتُبِي) :

(١) أَمَسْجِدٌ هٰذا؟ لا، هٰذا بَيْتٌ.

(٢) أَبَيْتٌ ذٰلِكَ؟ نَعَمْ، ذٰلِكَ بَيْتٌ.

(٣) ما هٰذا، وَما ذٰلِكَ؟ هٰذا بَيْتٌ، وَذٰلِكَ مَسْجِدٌ.

(٢) أَكْمِلْ (أَكْمِلِي) كُلَّ كَلِمَةٍ مِمَّا يَأْتِي بِوَضْعِ الْحَرْفِ الصَّحِيحِ فِي الْفَرَاغِ :

......سْجِدٌ	........يْتٌ	......ٰذا
......عَمْ	ذٰ......ك	نَـ......مْ
بَـ......تٌ	هـٰ......ا	ذٰلِـ......
......ـا	مَـ......جِدٌ	نَعَـ......

(٣) صِلْ (صِلِي) بَيْنَ الْأَسْئِلَةِ فِي «أ» وَأَجْوِبَتِها فِي «ب» :

(أ)	(ب)
ما هٰذا؟	لا، هٰذا مَسْجِدٌ.
ما ذٰلِكَ؟	ذٰلِكَ بَيْتٌ.
أَبَيْتٌ هٰذا؟	هٰذا مَسْجِدٌ.
أَمَسْجِدٌ ذٰلِكَ؟	نَعَمْ، ذٰلِكَ مَسْجِدٌ.

(٣) الدَّرْسُ الثَّالِثُ

هٰذا / هٰذِهِ

هٰذا هِشامٌ، وَهٰذِهِ آمِنَةُ. *

هٰذِهِ آمِنَةُ، وَهٰذا هِشامٌ.

مَنْ هٰذا؟ هٰذا هِشامٌ.

أَهِشامٌ هٰذا؟ لا، هٰذا جَمالٌ.

أَجَمالٌ هٰذا؟ نَعَمْ، هٰذا جَمالٌ.

وَمَنْ هٰذِهِ؟ هٰذِهِ زَيْنَبُ.

أَآمِنَةُ هٰذِهِ؟ لا، هٰذِهِ زَيْنَبُ.

---

* نُطْقُهُ : هٰذِهِي آمِنَةُ.

تَمارِيْنُ

(١) تَأَمَّلْ (تَأَمَّلِي) ما يَلِي :

أَسْماءُ الرِّجالِ [ٌ]	أَسْماءُ النِّساءِ [ُ]
هِشامٌ	آمِنَةُ
كَمالٌ	زَيْنَبُ
جَمالٌ	مَرْيَمُ
حامِدٌ	فاطِمَةُ

(٢) اِمْلأْ (اِمْلَئِي) الْفَراغَ فِيما يَلِي بِـ«هٰذا» أَوْ بِـ«هٰذِهِ» :

(١) ______ هِشامٌ، وَ______ آمِنَةُ.

(٢) ______ زَيْنَبُ، وَ______ مَرْيَمُ.

(٣) مَنْ ______؟ ______ فاطِمَةُ.

(٤) ______ جَمالٌ، وَ______ حامِدٌ.

(٥) ______ كَمالٌ، وَ______ مَرْيَمُ.

(٣) اِقْرَأْ (اِقْرَئِي) ما يَلِي مَعَ ضَبْطِ آخِرِه :

زَيْنَب   هٰذِه   نَعَم   ذٰلِك   جَمال   مَن

هِشام   آمِنَة   فاطِمَة   كَمال   مَرْيَم   و

(٤) اِمْلَأْ (اِمْلَئِي) الْفَراغَ فِيما يَلِي بِـ«ما» أَوْ بِـ«مَنْ» :

(١) ______ هٰذا؟

(٢) ______ هٰذا؟

(٣) ______ هٰذا؟

(٤) ______ ذٰلِك؟

(٥) ______ هٰذِه؟

(٦) ______ ذٰلِك؟

(٥) أَكْمِلْ (أَكْمِلِي) كُلَّ كَلِمَةٍ مِمَّا يَأْتِي بِوَضْعِ الْحَرْفِ الصَّحِيحِ فِي الْفَراغِ :

حـ......مِـدٌ   هٰـ......هِ   ذٰلِـ......   ......ـشامٌ

كَما......   مَـ......يَمُ   زَ......ـنَبُ   ......ـنْ

فاطِمَـ......   آمِـ......ـةُ   جَـ......ـالٌ

(٦) اِمْلَأْ (اِمْلَئِي) كُلَّ فَراغٍ فِيما يَلِي بِالْكَلِمَةِ الْوارِدَةِ :

بَيْتٌ ◦ نَعَمْ ◦ مَرْيَمُ ◦ جَمالٌ ◦ ذٰلِكَ ◦ هٰذِهِ

(١) أَهِشامٌ ذٰلِكَ؟   لا، _____ كَمالُ.

(٢) مَنْ هٰذا؟   هٰذا _____ .

(٣) مَنْ _____؟   هٰذِهِ _____ .

(٤) أَبَيْتٌ هٰذا؟   _____ ، هٰذا _____ .

(٧) لَوِّنْ (لَوِّنِي) هٰذِهِ الصُّورَةَ :

٩

(٤) الدَّرْسُ الرَّابِعُ

ذٰلِكَ / تِلْكَ

هٰذا هِشامٌ، وَذٰلِكَ جَمالٌ.

هٰذِهِ آمِنَةُ، وَتِلْكَ زَيْنَبُ.

مَنْ هٰذا، وَمَنْ ذٰلِكَ؟ هٰذا هِشامٌ، وَذٰلِكَ جَمالٌ.

مَنْ هٰذِهِ، وَمَنْ تِلْكَ؟ هٰذِهِ آمِنَةُ، وَتِلْكَ زَيْنَبُ.

هٰذا هِشامٌ، وَهٰذِهِ آمِنَةُ.

ذٰلِكَ جَمالٌ، وَتِلْكَ زَيْنَبُ.

تَمارِيْنُ

(١) اِقْرَأْ وَاكْتُبْ (اِقْرَئِي وَاكْتُبِي) الْكَلِماتِ الآتِيَةَ :

هٰذا هٰذِهِ ذٰلِكَ تِلْكَ ما مَنْ نَعَمْ لا وَ

(٢) اِمْلَأ (اِمْلَئِي) الْفَراغَ فِيما يَلِي بِـ«هٰذا» أَوْ بِـ«هٰذِهِ» :

(١) ______ حامِدٌ، وَ______ فاطِمَةُ.

(٢) ______ زَيْنَبُ، وَ______ جَمالٌ.

(٣) مَنْ ______؟ ______ مَرْيَمُ.

(٣) اِمْلَأ (اِمْلَئِي) الْفَراغَ فِيما يَلِي بِـ«ذٰلِكَ» أَوْ بِـ«تِلْكَ» :

(١) ______ هِشامٌ، وَ______ آمِنَةُ.

(٢) ______ مَرْيَمُ، وَ______ كَمالٌ.

(٣) ______ جَمالٌ، وَ______ فاطِمَةُ، وَ______ حامِدٌ.

(٤) مَنْ ______؟ ______ زَيْنَبُ.

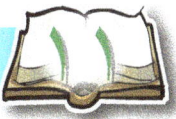

(٥) الدَّرْسُ الْخامِسُ

ما هٰذا؟ هٰذا كِتابٌ.

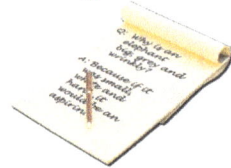

وَما هٰذا؟ هٰذا دَفْتَرٌ.

هٰذا كِتابٌ، وَهٰذا دَفْتَرٌ.

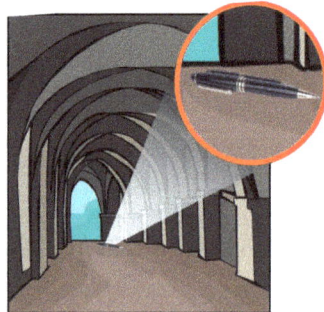

ما ذٰلِكَ؟ ذٰلِكَ قَلَمٌ.

أَقَلَمٌ ذٰلِكَ؟ نَعَمْ، ذٰلِكَ قَلَمٌ.

تَمارِيْنُ

(١) ٱقْرَأْ وَٱكْتُبْ (ٱقْرَئِي وَٱكْتُبِي) :

كِتابٌ	قَلَمٌ	دَفْتَرٌ	ذٰلِكَ	تِلْكَ
هٰذِهِ	هٰذا	مَسْجِدٌ	بَيْتٌ	مـا

(٢) اِمْلَأْ (اِمْلَئِي) كُلَّ فَراغٍ فِيما يَلِي بِالْكَلِمَةِ الْوارِدَةِ :

دَفْتَرٌ ○ لا ○ كِتابٌ ○ فاطِمَةُ ○ تِلْكَ ○ هٰذا

(١) أَكِتابٌ ذٰلِكَ؟ ________ ، ذٰلِكَ دَفْتَرٌ.

(٢) هٰذِهِ زَيْنَبُ. مَنْ تِلْكَ؟ تِلْكَ ________.

(٣) ________ حامِدٌ، وَذٰلِكَ جَمالٌ.

(٤) هٰذا ________ ، وَهٰذا قَلَمٌ، وَهٰذا ________.

(٥) مَنْ ________؟ تِلْكَ آمِنَةُ.

(٣) صِلْ (صِلِي) بَيْنَ الْأَسْئِلَةِ فِي «أ» وَأَجْوِبَتِها فِي «ب» :

(أ)	(ب)
ما هٰذا؟	لا ، ذٰلِكَ دَفْتَرٌ.
أَفاطِمَةُ تِلْكَ؟	هٰذا كِتابٌ.
أَكِتابٌ ذٰلِكَ؟	هٰذِهِ آمِنَةُ.
مَنْ هٰذِهِ؟	لا ، تِلْكَ مَرْيَمُ.

(٦) الدَّرْسُ السَّادِسُ

هٰذا بَيْتٌ.

هٰذا بَيْتِي.

بَيْتِي صَغِيرٌ.

بَيْتِي جَمِيلٌ.

بَيْتِي نَظِيفٌ.

تَمارِيْنُ

(١) أَضِفْ (أَضِيفِي) كُلَّ ٱسْمٍ مِمَّا يَلِي إِلَىٰ ياءِ الْمُتَكَلِّمِ «يْ/يِ» كَما فِي الْمِثالِ :

- الْمِثالُ : هٰذا بَيْتٌ. هٰذا بَيْتِي.

(١) هٰذا كِتابٌ. هٰذا ________.

(٢) هٰذا دَفْتَرٌ. هٰذا ________.

(٣) هٰذا قَلَمٌ. هٰذا ________.

(٤) هٰذا مَسْجِدٌ. هٰذا ________.

(٢) أَكْمِلْ (أَكْمِلي) كُلَّ جُمْلَةٍ مِمَّا يَلِي عَلَىٰ غِرارِ الْمِثالِ :

- **الْمِثالُ : بَيْتِي صَغِيرٌ.**

(١) دَفْتَرِي ________. (٤) قَلَمِي ________.

(٢) كِتابِي ________. (٥) بَيْتِي ________.

(٣) مَسْجِدِي ________.

(٣) أَكْمِلْ (أَكْمِلي) الْجُمَلَ الآتِيَةَ عَلَىٰ غِرارِ الْمِثالِ :

- **الْمِثالُ : بَيْتِي : بَيْتِي صَغِيرٌ وَجَمِيلٌ وَنَظِيفٌ.**

(١) دَفْتَرِي : ________________

(٢) كِتابِي : ________________

(٣) قَلَمِي : ________________

(٤) مَسْجِدِي : ________________

(٧) الدَّرْسُ السَّابِعُ

هٰذِهِ سَيَّارَةٌ، وَتِلْكَ دَرَّاجَةٌ.

هٰذِهِ سَيَّارَتِي، وَتِلْكَ دَرَّاجَتِي.

سَيَّارَتِي كَبِيرَةٌ، وَدَرَّاجَتِي صَغِيرَةٌ.

سَيَّارَتِي جَمِيلَةٌ.

سَيَّارَتِي نَظِيفَةٌ.

سَيَّارَتِي كَبِيرَةٌ وَجَمِيلَةٌ وَنَظِيفَةٌ.

تَمارِيْنُ

(١) أَضِفْ (أَضِيفِي) كُلَّ ٱسْمٍ مِمَّا يَلِي إِلَىٰ ياءِ الْمُتَكَلِّمِ :

● الْمِثالُ : هٰذِهِ سَيَّارَةٌ.   هٰذِهِ سَيَّارَتِي.

(١) هٰذِهِ ساعَةٌ. هٰذِهِ ______________ .

(٢) هٰذِهِ دَرَّاجَةٌ. هٰذِهِ ______________ .

(٣) هٰذِهِ أُمٌّ. هٰذِهِ ______________ .

(٢) أَكْمِلْ (أَكْمِلِي) الْجُمَلَ الآتِيَةَ عَلَىٰ غِرارِ الْمِثالِ :

● الْمِثالُ : سَيَّارَتِي : سَيَّارَتِي كَبِيرَةٌ وَجَمِيلَةٌ وَنَظِيفَةٌ.

(١) دَرَّاجَتِي : ______________________________

(٢) قَلَمِي : ______________________________

(٣) ساعَتِي : ______________________________

(٤) دَفْتَرِي : ______________________________

(٥) بَيْتِي : ______________________________

(٦) سَيَّارَتِي : ______________________________

(٣) اِمْلَأْ (اِمْلَئِي) الْفَراغَ فِيما يَلِي بِـ«هٰذا» أَوْ بِـ«هٰذِهِ» :

______ كِتابِي. ______ سَيَّارَةُ. أَبَيْتِي ______؟

______ أُمِّي. ______ قَلَمِي. ______ دَرَّاجَتِي.

أَدَفْتَرِي ______؟ أَساعَةُ ______؟ ______ مَسْجِدُ.

(٤) اِمْلَأْ (اِمْلَئِي) الْفَراغَ الْأَوَّلَ بِـ«هٰذا» أَوْ بِـ«هٰذِهِ»،

وَالْفَراغَ الثَّانِيَ بِـ«ذٰلِكَ» أَوْ بِـ«تِلْكَ» كَما فِي الْمِثالِ :

- الْمِثالُ : هٰذا كِتابِي، وَذٰلِكَ دَفْتَرِي.

(١) ______ قَلَمِي، وَ______ كِتابِي.

(٢) ______ دَرَّاجَتِي، وَ______ ساعَتِي.

(٣) ______ مَسْجِدِي، وَ______ سَيَّارَتِي.

(٤) ______ أُمِّي، وَ______ قَلَمِي.

(٥) ______ ساعَتِي، وَ______ دَفْتَرِي.

(٦) ______ سَيَّارَتِي، وَ______ دَرَّاجَتِي.

(٥) اِمْلأْ (اِمْلَئِي) كُلَّ فَراغٍ فِيما يَلِي بِالْكَلِمَةِ الْوارِدَةِ :

قَلَمُ ◦ أُمِّي ◦ سَيَّارَتِي ◦ أَ ◦ مَنْ ◦ كَبِيرَةٌ ◦ هٰذِهِ

(١) ما هٰذا، وَما ذٰلِكَ؟ هٰذا دَفْتَرٌ، وَذٰلِكَ _____ .

(٢) مَنْ _____؟ هٰذِهِ آمِنَةُ. آمِنَةُ صَغِيرَةٌ.

(٣) هٰذِهِ _____. سَيَّارَتِي _____ .

(٤) _____ ساعَةٌ تِلْكَ؟ لا، تِلْكَ دَرَّاجَةٌ.

(٥) _____ ذٰلِكَ؟ ذٰلِكَ هِشامٌ.

(٦) تِلْكَ أُمِّي. _____ جَمِيلَةٌ.

(٦) لَوِّنْ (لَوِّنِي) هٰذِهِ الصُّورَةَ :

(٨) الدَّرْسُ الثَّامِنُ

أَنا هِشامٌ.* هٰذا أَبِي، وَهٰذِهِ أُمِّي.

هٰذا أَخِي جَمالٌ، وَهٰذِهِ أُخْتِي آمِنَةُ.

أَخِي كَبِيرٌ، وَأُخْتِي صَغِيرَةٌ.

أَبِي طَبِيبٌ، وَأُمِّي مُدَرِّسَةٌ.

تَمارِيْنُ

(١) أَكْمِلْ (أَكْمِلِي) كُلَّ كَلِمَةٍ مِمَّا يَأْتِي بِوَضْعِ الْحَرْفِ الصَّحِيحِ فِي الْفَراغِ :

أُ.....ـي	.....بِي	صَغِيـ.....ةٌ	....ـدَرِّسَتِي
أُ.....ـتُ	سَـ.....عَةٌ	طَـ.....يبٌ	كَبِـ.....رٌ

---

* نُطْقُهُ : أَنَ هِشامٌ.

(٢) ٱقْرَأْ (ٱقْرَئِي) الْمِثالَيْنِ، ثُمَّ ضَعْ (ضَعِي) فِي الْفَراغِ فِيما يَأْتِي «أَخِي» أَوْ «أُخْتِي» :

● الْمِثالُ : جَمالٌ أَخِي. ● الْمِثالُ : آمِنَةُ أُخْتِي.

(١) مَرْيَمُ ______. (٥) حامِدٌ ______.

(٢) هِشامٌ ______. (٦) تِلْكَ ______.

(٣) هٰذا ______. (٧) زَيْنَبُ ______.

(٤) أَ______ ذٰلِكَ؟ نَعَمْ.

(٣) أَضِفْ (أَضِيفِي) كُلَّ ٱسْمٍ مِمَّا يَأْتِي إِلَىٰ ياءِ الْمُتَكَلِّمِ، ثُمَّ ٱجْعَلْهُ (ٱجْعَلِيهِ) فِي جُمْلَةٍ كَما فِي الْمِثالَيْنِ :

● الْمِثالُ : أَبٌ : هٰذا أَبِي. ● الْمِثالُ : أُمٌّ : هٰذِهِ أُمِّي.

(١) أَخٌ : ______

(٢) أُمٌّ : ______

(٣) بَيْتٌ : ______

(٤) أُخْتٌ : ______

(٥) كِتَابٌ : ______________________

(٦) سَيَّارَةٌ : ______________________

(٧) قَلَمٌ : ______________________

(٨) دَرَّاجَةٌ : ______________________

(٩) دَفْتَرٌ : ______________________

(٤) ٱقْرَأْ (ٱقْرَئِي) الْمِثالَ، ثُمَّ ٱجْعَلْ (ٱجْعَلِي) جُملاً عَلَىٰ غِرارِه :

• أَبِي طَبِيبٌ. أُمِّي طَبِيبَةٌ.

(١) أَخِي مُدَرِّسٌ. أُخْتِي ______________

(٢) أَبِي كَبِيرٌ. أُمِّي ______________

(٣) أَخِي صَغِيرٌ. أُخْتِي ______________

(٤) بَيْتِي جَمِيلٌ. سَيَّارَتِي ______________

(٥) دَفْتَرِي نَظِيفٌ. دَرَّاجَتِي ______________

(٦) قَلَمِي جَدِيدٌ. ساعَتِي ______________

(٧) قَلَمِي قَدِيمٌ. ساعَتِي ______________

(٥) اِمْلَأْ (اِمْلَئِي) كُلَّ فَراغٍ بِـ«كَبِيرٌ» أَوْ بِـ«كَبِيرَةٌ» :

(١) هِشامٌ ________ . (٥) أَ________ فاطِمَةُ؟

(٢) مَرْيَمُ ________ . (٦) أَخِي ________ .

(٣) زَيْنَبُ ________ . (٧) أَ________ جَمالٌ؟

(٤) أَنا ________ ، وَأُخْتِي ________ .

(٦) اِمْلَأْ (اِمْلَئِي) كُلَّ فَراغٍ بِـ«جَمِيلٌ» أَوْ بِـ«جَمِيلَةٌ» :

(١) ساعَتِي ________ . (٤) بَيْتِي ________ .

(٢) أَنا ________ . (٥) أَ________ حامِدٌ؟

(٣) كَمالٌ ________ ، وَفاطِمَةُ ________ .

(٧) اِمْلَأْ (اِمْلَئِي) كُلَّ فَراغٍ بِـ«مُدَرِّسٌ» أَوْ بِـ«مُدَرِّسَةٌ» :

(١) أَ________ آمِنَةُ؟ (٤) أَبِي ________ .

(٢) أَنا ________ . (٥) أُمِّي ________ .

(٣) أُخْتِي ________ ، وَهِشامٌ ________ .

(٨) صِلْ (صِلِي) بَيْنَ الْأَسْئِلَةِ فِي «أ» وَأَجْوِبَتِها فِي «ب» :

(ب)	(أ)
لا، تِلْكَ دَرّاجَةٌ.	مَنْ ذٰلِكَ؟
هٰذا أَبِي.	أَسَيّارَةٌ تِلْكَ؟
نَعَمْ، مَرْيَمُ طَبِيبَةٌ.	أَطَبِيبَةٌ مَرْيَمُ؟
ذٰلِكَ جَمالٌ.	أَمُدَرِّسٌ حامِدٌ؟
لا، حامِدٌ طَبِيبٌ.	مَنْ هٰذا؟

(٩) صَحِّحِ (صَحِّحِي) الْجُمَلَ الْآتِيَةَ :

(١) مَنْ تِلْكَ؟ تِلْكَ سَيّارَتِي. ____________________

(٢) فاطِمَةُ طَبِيبٌ، وَكَمالٌ مُدَرِّسَةٌ. ____________________

(٣) أَدَفْتَرٌ ذٰلِكَ؟ نَعَمْ، ذٰلِكَ كِتابٌ. ____________________

(٤) ساعَتِي قَدِيمٌ. ____________________

(٥) ما هٰذِهِ؟ هٰذِهِ آمِنَةُ. ____________________

(١٠) اِقْرَأْ (اِقْرَئِي) كُلَّ جُمْلَةٍ مِمّا يَلِي بِما فِيها مِنَ الصُّوَرِ :

(١) هٰذا ، وَذٰلِكَ .

(٢) ما هٰذِهِ؟ هٰذِهِ . هٰذِهِ جَدِيدَةٌ وَجَمِيلَةٌ.

(٣) أَ ذٰلِكَ؟ لا، ذٰلِكَ . ذٰلِكَ ي.

(٤) تِلْكَ ي. ي صَغِيرَةٌ وَنَظِيفَةٌ.

(٥) أَ تِلْكَ؟ نَعَمْ، تِلْكَ .

(٦) جَمالٌ ، وَزَيْنَبُ .

(٧) أَ قَدِيمٌ ذٰلِكَ؟ لا، ذٰلِكَ جَدِيدٌ.

(٨) مَنْ هٰذا، وَمَنْ هٰذِهِ؟ هٰذا ي، وَهٰذِهِ ي.

(٩) ما هٰذِهِ، وَما تِلْكَ؟ هٰذِهِ ، وَتِلْكَ .

(١٠) ي ، وَأُخْتِي ، وَ ي .

(١١) أَنا . هٰذا ي، وَهٰذِهِ ي.

(٩) الدَّرْسُ التَّاسِعُ

أَنْتَ

- مَنْ أَنْتَ يا أَخِي؟
- أنا كَمالٌ.
- أَمُسْلِمٌ أَنْتَ؟
- نَعَمْ، أَنا مُسْلِمٌ. وَالْحَمْدُ لِلّٰهِ.
- أَمُدَرِّسٌ أَنْتَ؟
- لا، أَنا طَبِيبٌ.

تَمارِيْنُ

(١) اِقْرَأْ وَاكْتُبْ (اِقْرَئِي وَاكْتُبِي) :

مَنْ أَنا أَنْتَ مُسْلِمٌ كَمالٌ مَسْجِدٌ مُدَرِّسٌ

(٢) اِقْرَأْ (اِقْرَئِي) الْمِثالَ، ثُمَّ أَجِبْ (أَجِيبِي) عَنِ الْأَسْئِلَةِ عَلَىٰ غِرارِهِ :

- مَنْ أَنْتَ؟ أَنا كَمالٌ. (كَمالٌ)

(١) مَنْ أَنْتَ؟ ________________ (جَمالٌ)

(٢) مَنْ أَنْتَ؟ ________________ (حامِدٌ)

(٣) مَنْ أَنْتَ؟ ________________ (طَبِيبٌ)

(٤) مَنْ أَنْتَ؟ ________________ (مُدَرِّسٌ)

(٣) اِقْرَأْ (اِقْرَئِي) الْمِثالَ، ثُمَّ أَجِبْ (أَجِيبِي) عَنِ الْأَسْئِلَةِ عَلَىٰ غِرارِهِ :

- أَمُسْلِمٌ أَنْتَ؟ نَعَمْ، أَنا مُسْلِمٌ.

(١) أَطَبِيبٌ أَنْتَ؟ ________________

(٢) أَمُدَرِّسٌ أَنْتَ؟ ________________

(٣) أَكَبِيرٌ أَنْتَ؟ ________________

(٤) أَهِشامٌ أَنْتَ؟ ________________

(٤) اِقْرَأْ (اِقْرَئِي) الْمِثالَ، ثُمَّ أَجِبْ (أَجِيبِي) عَنِ الْأَسْئِلَةِ عَلَىٰ غِرارِهِ :

• أَهِشامٌ أَنْتَ؟ لا، أَنا جَمالٌ. (جَمالٌ)

(١) أَجَمالٌ أَنْتَ؟ ________ (كَمالٌ)

(٢) أَطَبِيبٌ أَنْتَ؟ ________ (مُدَرِّسٌ)

(٣) أَحامِدٌ أَنْتَ؟ ________ (هِشامٌ)

(٤) أَمُدَرِّسٌ أَنْتَ؟ ________ (طَبِيبٌ)

(٥) أَصَغِيرٌ أَنْتَ؟ ________ (كَبِيرٌ)

(٥) اِجْعَلْ (اِجْعَلِي) كُلَّ اسْمٍ مِمّا يَلِي مُنادًى كَما فِي الْمِثالِ :

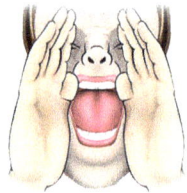

• الْمِثالُ : أَخِي ← يا أَخِي

(١) أُخْتِي : ________ (٤) أُسْتاذِي : ________

(٢) أَبِي : ________ (٥) أُسْتاذَتِي : ________

(٣) أُمِّي : ________ (٦) أَخِي : ________

(٦) اِقْرَأْ (اِقْرَئِي) ما يَلِي :

(١) يا أُخْتِي، أَكِتابِي هٰذا؟

(٢) مَرْيَمُ مُدَرِّسَةٌ جَدِيدَةٌ، وَزَيْنَبُ طَبِيبَةٌ قَدِيمَةٌ.

(٣) هٰذِهِ ساعَةٌ، وَتِلْكَ سَيّارَةٌ.

(٤) أَدَرّاجَتِي تِلْكَ يا أُمِّي؟ نَعَمْ.

(٥) أَصَغِيرٌ جَمالٌ؟ لا، جَمالٌ كَبِيرٌ. جَمالٌ طَبِيبٌ كَبِيرٌ.

(٦) يا أَبِي، أَأَخِي ذٰلِكَ؟

(٧) اِمْلَأْ (اِمْلَئِي) كُلَّ فَراغٍ فِيما يَلِي بِالْكَلِمَةِ الْوارِدَةِ :

كِتابِي ○ مَنْ ○ صَغِيرٌ ○ يا ○ مُدَرِّسَةٌ ○ مُسْلِمٌ

(١) ______ هٰذِهِ؟ هٰذِهِ زَيْنَبُ.

(٢) يا أُخْتِي، أَطَبِيبَةٌ فاطِمَةُ؟ لا، فاطِمَةُ ______.

(٣) هٰذا دَفْتَرِي، وَذٰلِكَ ______.

(٤) __ أَخِي، أَمُسْلِمٌ أَنْتَ؟ نَعَمْ، أَنا ______، وَالْحَمْدُ لِلّٰهِ.

(٥) حامِدٌ كَبِيرٌ، وَجَمالٌ ______.

(١٠) الدَّرْسُ العَاشِرُ

أَنْتِ

- مَنْ أَنْتِ يا أُخْتِي؟
- أنا خَدِيجَةُ.
- أَمُسْلِمَةٌ أَنْتِ؟
- نعَمْ، أَنا مُسْلِمَةٌ.
- أَمُدَرِّسَةٌ أَنْتِ؟
- لا، أَنا طَبِيبَةٌ.
- مَنْ هٰذِهِ يا خَدِيجَةُ؟
- هٰذِهِ بِنْتِي.
- وَمَنْ هٰذا؟
- هٰذا ٱبْنِي.

تَمارِينُ

(١) حَوِّلْ (حَوِّلِي) الْجُمَلَ الْآتِيَةَ عَلَىٰ غِرارِ الْمِثالِ :

- **أَمُسْلِمٌ أَنْتَ يا أَخِي؟ أَمُسْلِمَةٌ أَنْتِ يا أُخْتِي؟**

(١) أَمُدَرِّسٌ أَنْتَ يا أَخِي؟ ________________

(٢) أَطَبِيبٌ أَنْتَ يا أَخِي؟ ________________

(٣) أَجَمالٌ أَنْتَ يا أَخِي؟ ________________

(٤) أَكَبِيرٌ أَنْتَ يا أَخِي؟ ________________

(٥) أَمُسْلِمٌ أَنْتَ يا أَخِي؟ ________________

(٢) ٱقْرَأْ (ٱقْرَئِي) ما يَلِي :

(١) هٰذا ٱبْنِي مُحَمَّدٌ، وَهٰذِهِ بِنْتِي خَدِيجَةُ.

(٢) بِنْتِي مُدَرِّسَةٌ، وَٱبْنِي طَبِيبٌ.

(٣) ساعَتِي جَدِيدَةٌ، وَدَفْتَرِي قَدِيمٌ وَنَظِيفٌ.

(٤) يا أَبِي، أَمُسْلِمَةٌ جَدِيدَةٌ زَيْنَبُ؟ نَعَمْ.

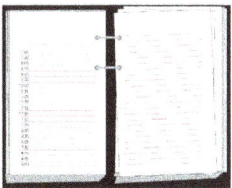

(١١) الدَّرْسُ الْحَادِيَ عَشَرَ

أَيْنَ...؟

أَيْنَ هِشامٌ؟ هُوَ هُنا.

وَأَيْنَ جَمالٌ؟ هُوَ هُناكَ.

أَيْنَ آمِنَةُ؟ هِيَ هُنا.

وَأَيْنَ مَرْيَمُ؟ هِيَ هُناكَ.

تَمارِيْنُ

(١) اِقْرَأْ (اِقْرَئِي) :

هُوَ هِيَ أَيْنَ أَنْتَ أَنْتِ أَنا هُنا هُناكَ

(٢) أَجِبْ (أَجِيبِي) عَنِ الْأَسْئِلَةِ الْآتِيَةِ [الْأَجْوِبَةُ مِنَ النَّصِّ] :

(١) أَيْنَ جمالٌ؟ ______________________

(٢) وَأَيْنَ هِشامٌ؟ ______________________

(٣) أَيْنَ آمِنَةُ؟ ______________________

(٤) وَأَيْنَ مَرْيَمُ؟ ______________________

(٥) هِشامُ، أَهُناكَ هُوَ؟ ______________________

(٣) ضَعْ (ضَعِي) «هُوَ» أَوْ «هِيَ» فِي كُلِّ فَراغٍ :

(١) أَيْنَ خَدِيجَةُ؟ ______ هُناكَ.

(٢) ذٰلِكَ ٱبْنِي. ______ طَبِيبٌ.

(٣) هٰذِهِ أُخْتِي. ______ مُدَرِّسَةٌ جَدِيدَةٌ.

(٤) أَيْنَ مُحَمَّدٌ؟ ______ هُنا.

(٥) أَمُسْلِمَةٌ فاطِمَةُ؟ نَعَمْ، ______ مُسْلِمَةٌ، وَالْحَمْدُ لِلّٰهِ.

(٦) كَمالٌ مُدَرِّسٌ. ______ هُناكَ.

(٧) يا أُسْتاذَتِي، مَنْ تِلْكَ؟ تِلْكَ زَيْنَبُ. ______ بِنْتِي.

(٤) اِمْلَأْ (اِمْلَئِي) الْفَراغاتِ بِالْكَلِمَةِ الْوارِدَةِ :

هُناكَ ○ آمِنَةُ ○ أَيْنَ ○ يا ○ هُنا ○ مَنْ ○ طَبِيبٌ

(١) ______ هٰذِهِ؟ هٰذِهِ آمِنَةُ.

(٢) حامِدٌ هُنا. أَيْنَ جَمالٌ؟ هُوَ ______.

(٣) يا أُمِّي، مَنْ تِلْكَ؟ تِلْكَ ______.

(٤) ___ أُخْتِي، أَيْنَ أَنْتِ؟ أَنا ______.

(٥) مَرْيَمُ مُدَرِّسَةٌ، وَكَمالٌ ______.

(٥) أَجِبْ (أَجِيبِي) عَنِ الْأَسْئِلَةِ الْآتِيَةِ مُسْتَعْمِلًا (مُسْتَعْمِلَةً) «هُنا» أَوْ «هُناكَ» :

(١) أَيْنَ جَمالٌ؟ ______________

(٢) أَيْنَ مُدَرِّسَتِي؟ ______________

(٣) أَيْنَ مُحَمَّدٌ؟ ______________

(٤) وَأَيْنَ خَدِيجَةُ؟ ______________

(٥) أَيْنَ أَخِي وَأُخْتِي؟ ______________

(٦) أَجِبْ (أَجِيبِي) عَنِ الْأَسْئِلَةِ الْآتِيَةِ مُسْتَعْمِلًا (مُسْتَعْمِلَةً) «أَنا» أَوْ «هُوَ» أَوْ «هِيَ» :

(١) يا أَخِي، أَيْنَ هِشامٌ؟ ______ هُناكَ.

(٢) يا أُخْتِي، أَيْنَ أَنْتِ؟ ______ هُنا.

(٣) يا أَبِي، أَيْنَ أُمِّي؟ ______ هُناكَ.

(٤) يا ٱبْنِي، أَيْنَ أَنْتَ؟ ______ هُنا.

(٧) صِلْ (صِلِي) بَيْنَ الْأَسْئِلَةِ فِي «أ» وَأَجْوِبَتِها فِي «ب» :

(أ)	(ب)
يا أَبِي، أَيْنَ دَفْتَرِي؟	هِيَ هُنا.
أَيْنَ فاطِمَةُ؟	ذٰلِكَ مُدَرِّسِي.
أَدَرَّاجَةٌ تِلْكَ؟	هُوَ هُناكَ.
يا ٱبْنِي، مَنْ ذٰلِكَ؟	هٰذِهِ آمِنَةُ.
مَنْ هٰذِهِ؟	تِلْكَ طَبِيبَتِي.
وَمَنْ تِلْكَ؟	لا، تِلْكَ سَيَّارَةٌ.

(١٢) الدَّرْسُ الثَّانِيَ عَشَرَ

الْ + كتابٌ ← الْكتابُ

الْ + بيتٌ ← الْبيتُ

- هٰذا بَيْتٌ. الْبَيْتُ كَبِيرٌ.

- ذٰلِكَ كِتابٌ. الْكِتابُ صَغِيرٌ.

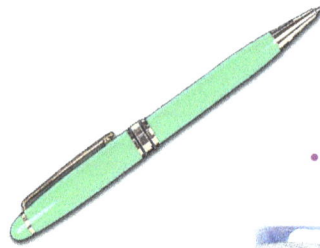

- الْقَلَمُ جَمِيلٌ.

- أَماءٌ هٰذا؟ نَعَمْ، هٰذا ماءٌ. الْماءُ بارِدٌ وَنَظِيفٌ.

- أَيْنَ الْمَسْجِدُ؟ الْمَسْجِدُ هُناكَ. هُوَ كَبِيرٌ وَقَدِيمٌ.

تَمارِيْنُ

(١) أَدْخِلْ (أَدْخِلِي) «اَلْ» عَلَىٰ الْأَسْماءِ الْآتِيَةِ، كَما فِي الْمِثالِ، ثُمَّ ٱقْرَأْها (ٱقْرَئِيها) مَعَ ضَبْطِ أَواخِرِها :

• الْمِثالُ : اَلْ + بَيْتٌ ⟵ الْبَيْتُ

(١) مَسْجِدٌ : ________ (٤) قَلَمٌ : ________

(٢) كِتابٌ : ________ (٥) أَخٌ : ________

(٣) بِنْتٌ : ________ (٦) ماءٌ : ________

(٢) جَرِّدْ (جَرِّدِي) الْأَسْماءَ الْآتِيَةَ مِنْ «اَلْ»، كَما فِي الْمِثالِ، ثُمَّ ٱقْرَأْها (ٱقْرَئِيها) مَعَ ضَبْطِ أَواخِرِها :

• الْمِثالُ : الْمَسْجِدُ - اَلْ ⟵ مَسْجِدٌ

(١) الْكِتابُ : ________ (٤) الْأُمُّ : ________

(٢) الْأَبُ : ________ (٥) الْماءُ: ________

(٣) الْأُخْتُ : ________ (٦) الْقَلَمُ: ________

(٣) اِقْرَأْ (اِقْرَئِي) الْأَسْماءَ الْآتِيَةَ مَعَ ضَبْطِ أَواخِرِها :

ماء الْماء قَلَم الْقَلَم الْبِنْت الْأَب

بِنْت مَسْجِد أَب الْبَيْت بَيْت الْمَسْجِد

(٤) اِقْرَأْ وَاكْتُبْ (اِقْرَئِي وَاكْتُبِي) كَما فِي الْمِثالِ :

● الْمِثالُ : هٰذا كِتابٌ. الْكِتابُ جَدِيدٌ. (كِتابٌ ○ جَدِيدٌ)

(١) ________________ (قَلَمٌ ○ قَدِيمٌ)

(٢) ________________ (بِنْتٌ ○ صَغِيرَةٌ)

(٣) ________________ (أَخٌ ○ كَبِيرٌ)

(٤) ________________ (أُمٌّ ○ جَمِيلَةٌ)

(٥) ________________ (ماءٌ ○ بارِدٌ)

(٥) اِقْرَأْ (اِقْرَئِي) ما يَلِي :

(١) مَنْ هُناكَ؟ جَمالٌ هُناكَ. جَمالٌ أَخِي.

(٢) الْمُدَرِّسُ كَبِيرٌ، وَالْمُدَرِّسَةُ صَغِيرَةٌ.

(٣) ما ذٰلِكَ؟ ذٰلِكَ ماءٌ. الْماءُ نَظِيفٌ.

(٦) كَوِّنْ (كَوِّنِي) جُمَلاً كَثِيرَةً كَما فِي الْمِثالِ* :

الْقَلَمُ	صَغِيرٌ.	الْمُسْلِمَةُ	جَمِيلَةٌ.
أَنا	هُنا.	مُدَرِّسَتِي	كَبِيرَةٌ.
مُدَرِّسِي	كَبِيرٌ.	هِيَ	قَدِيمَةٌ.
الْماءُ	نَظِيفٌ.	خَدِيجَةُ	جَدِيدَةٌ.
جَمالٌ	جَدِيدٌ.	أُخْتِي	هُناكَ.
أَخِي	جَمِيلٌ.	أَنا	صَغِيرَةٌ.

(٧) اِمْلَأْ (اِمْلَئِي) الْفَراغَ فِي كُلِّ جُمْلَةٍ مِمَّا يَأْتِي بِاسْمٍ مُناسِبٍ :

(١) الْمُدَرِّسُ ________ .
(٢) أُمِّي ________ .
(٣) الْأَبُ ________ .
(٤) أَ________ الْماءُ؟
(٥) ________ نَظِيفٌ.
(٦) ________ صَغِيرَةٌ.
(٧) ساعَتِي ________ .
(٨) الْكِتابُ ________ .
(٩) فاطِمَةُ ________ .
(١٠) ________ بارِدٌ.
(١١) أَكَبِيرٌ ________؟
(١٢) ________ قَدِيمٌ.

* يَكْتُبُ الطُّلاَّبُ وَالطَّالِباتُ عِدَّةً مِنْ هٰذِهِ الْجُمَلِ فِي آخِرِ الْكِتابِ.

(١٣) الدَّرْسُ الثّالِثَ عَشَرَ

البيتُ : فِي البيتِ

المسجدُ : فِي المسجدِ

- أَيْنَ هِشامٌ؟ هُوَ فِي الْبَيْتِ.
- وَأَيْنَ جمالٌ؟ هُوَ فِي الْمَلْعَبِ.

- أَيْنَ الْإِمامُ؟ هُوَ فِي الْمَسْجِدِ.
- وَأَيْنَ الْمُدَرِّسَةُ؟ هِيَ فِي الْمَدْرَسَةِ.

- أَيْنَ الْأَبُ الْآنَ؟ هُوَ فِي الْبَيْتِ.
- وَأَيْنَ الْأُمُّ؟ هِيَ فِي الْغُرْفَةِ.

تَمارِيْنُ

(١) أَجِبْ (أَجِيبِي) عَنِ الأَسْئِلَةِ الآتِيَةِ [الأَجْوِبَةُ مِنَ النَّصِّ] :

(١) أَيْنَ هِشامٌ؟ ____________________

(٢) وَأَيْنَ جَمالٌ؟ ____________________

(٣) أَيْنَ الْمُدَرِّسَةُ؟ ____________________

(٤) أَيْنَ الأَبُ، وَأَيْنَ الأُمُّ؟ ____________________

(٢) اِقْرَأْ (اِقْرَئِي) هٰذِهِ الأَسْماءَ مَعَ ضَبْطِ أَواخِرِها :

الْبَيْت	فِي الْبَيْت	الْمَسْجِد	فِي الْمَسْجِد
الْغُرْفَة	الْقَلَم	فِي الْمَدْرَسَة	الْكِتاب
الْمَدْرَسَة	فِي الْغُرْفَة	فِي الْماء	الْماء

(٣) اِقْرَأْ (اِقْرَئِي) ما يَلِي :

(١) يا أَخِي، أَيْنَ الإِمامُ؟ الإِمامُ فِي الْمَسْجِدِ.

(٢) الأَبُ فِي الْمَدْرَسَةِ الآنَ. هُوَ مُدَرِّسٌ.

(٣) أَفِي الْمَلْعَبِ الأُمُّ؟ لا، هِيَ فِي الْبَيْتِ.

(٤) الْقَلَمُ فِي الْكِتَابِ، وَالْكِتَابُ فِي الْغُرْفَةِ.

(٥) أَخِي هُنَا، وَأُخْتِي هُنَاكَ.

(٦) بِنْتِي فِي الْمَلْعَبِ، وَابْنِي فِي الْمَدْرَسَةِ، وَأَنَا فِي الْبَيْتِ.

(٤) أَجِبْ (أَجِيبِي) عَنِ الْأَسْئِلَةِ الْآتِيَةِ مُسْتَعْمِلًا (مُسْتَعْمِلَةً) «أَنَا» أَوْ «هُوَ» أَوْ «هِيَ» كَمَا فِي الْمِثَالِ :

● الْمِثَالُ : أَيْنَ أَنْتَ الْآنَ؟ أَنَا الْآنَ فِي الْبَيْتِ. (الْبَيْتُ)

(١) أَيْنَ الْإِمَامُ الْآنَ؟ _____ (الْمَسْجِدُ)

(٢) أَيْنَ زَيْنَبُ الْآنَ؟ _____ (الْغُرْفَةُ)

(٣) أَيْنَ أَنْتَ الْآنَ؟ _____ (الْمَلْعَبُ)

(٤) أَيْنَ آمِنَةُ الْآنَ؟ _____ (الْمَدْرَسَةُ)

(٥) أَيْنَ أَنْتِ الْآنَ؟ _____ (الْبَيْتُ)

(٦) أَيْنَ ابْنِي الْآنَ؟ _____ (الْمَسْجِدُ)

(٧) أَيْنَ مَرْيَمُ الْآنَ؟ _____ (الْغُرْفَةُ)

(٨) أَيْنَ جَمَالٌ الْآنَ؟ _____ (الْمَلْعَبُ)

(٥) «جَمَالُ الْآنَ» نُطْقُهُ : «جَمَالُ نِ الْآنَ». اِقْرَأْ (اِقْرَئِي) ما يلي .

(١) كَمَـالٌ : كَمَالُ الْآنَ

(٢) هِشَـامٌ : هِشَـامُ الْآنَ

(٣) حَامِـدٌ : حَامِـدُ الْآنَ

(٤) زَيْنَبُ : زَيْنَبُ الْآنَ

(٥) مُحَمَّدٌ : مُحَمَّدُ الْآنَ

(٦) خَدِيجَةُ : خَدِيجَةُ الْآنَ

(٦) صَحِّحْ (صَحِّحِي) الْجُمَلَ الْآتِيَةَ :

(١) أَيْنَ الْمَدْرَسَةُ؟ هُوَ هُنَاكَ.
_____

(٢) الْإِمَامُ فِي الْمَسْجِدُ.
_____

(٣) بَيْتِي نَظِيفَةٌ.
_____

(٤) مَنْ أَنْتِ يا أُخْتِي؟ هُوَ فاطِمَةُ.
_____

(٥) أُمِّي جَمِيلٌ.
_____

(٦) بِنْتِي الْآنَ فِي الْمَلْعَبُ.
_____

(٧) أَيْنَ زَيْنَبُ؟ هُوَ هُنَاكَ.
_____

(١٤) الدَّرْسُ الرَّابِعَ عَشَرَ

كِتابٌ : الْكِتابُ

طَبِيبٌ : الطَّبِيبُ

كِتابٌ : الْكِتابُ

دَفْتَرٌ : الدَّفْتَرُ

طَبِيبٌ : الطَّبِيبُ

سَيَّارَةٌ : السَّيَّارَةُ

تِلْمِيذٌ : التِّلْمِيذُ

الْحُرُوف الْقَمَرِيَّةُ وَالْحُرُوف الشَّمْسِيَّةُ

الْحُرُوف الْقَمَرِيَّةُ

أ : الْأَبُ

ب : الْبابُ

ج : الْجَنَّةُ

ح : الْحِمارُ

خ : الْخُبْزُ

ع : الْعَيْنُ

غ : الْغُرْفَةُ

ف : الْفَمُ

ق : الْقَمَرُ*

ك : الْكَلْبُ

م : الْماءُ

هـ : الْهِنْدُ

و : الْوَلَدُ

ي : الْيَدُ

الْحُرُوف الشَّمْسِيَّةُ

ت : التِّلْمِيذُ

ث : الثَّوْبُ

د : الدَّفْتَرُ

ذ : الذَّهَبُ

ر : الرَّجُلُ

ز : الزَّهْرَةُ

س : السَّيَّارَةُ

ش : الشَّمْسُ*

ص : الصَّدْرُ

ض : الضَّيْفُ

ط : الطَّالِبُ

ظ : الظَّهْرُ

ل : اللَّحْمُ

ن : النَّارُ

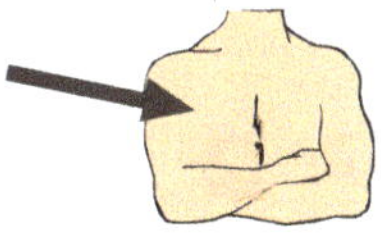

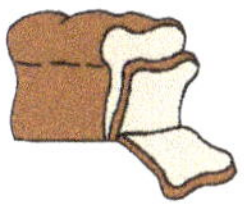

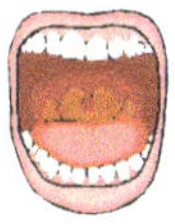

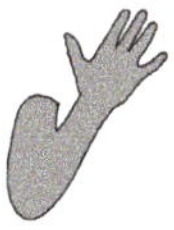

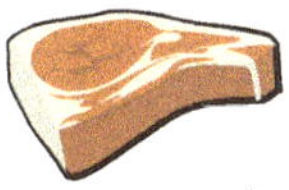

تَمارِينُ

(١) أَدْخِـلْ (أَدْخِلِي) «اَلْ» عَلَى الْكَلِمَـاتِ الْآتِيَةِ، ثُمَّ اقْرَأْها (اقْرَئِيها) :

(١) دَفْتَرٌ : _____   (٦) كِتابٌ : _____

(٢) قَلَـمٌ : _____   (٧) تِلْمِيذٌ : _____

(٣) سَيَّارَةٌ : _____   (٨) غُرْفَةٌ : _____

(٤) شَمْسٌ : _____   (٩) طَبِيبَةٌ : _____

(٥) رَجُلٌ : _____   (١٠) أُمٌّ : _____

(٢) كَوِّنْ (كَوِّنِي) جُمَلاً كَما فِي الْمِثالِ :

● هٰذا تِلْمِيذٌ. التِّلْمِيذُ صَغِيرٌ.   (تِلْمِيذ ٠ صَغِيرٌ)

(١) _____   (طَبِيبٌ ٠ جَدِيدٌ)

(٢) _____   (مَدْرَسَةٌ ٠ كَبِيرَةٌ)

(٣)  _____   (دَرَّاجَةٌ ٠ قَدِيمَةٌ)

(٤) _____   (غُرْفَـةٌ ٠ نَظِيفَةٌ)

(٥) ــــــــــــــــــــــــــــــــــ (أُمٌّ o صَغيرَةٌ)

(٦) ــــــــــــــــــــــــــــــــــ (ماءٌ o بارِدٌ)

(٧) ــــــــــــــــــــــــــــــــــ (سَيَّارَةٌ o جَدِيدَةٌ)

(٨) ــــــــــــــــــــــــــــــــــ (ساعَةٌ o جَميلَةٌ)

(٣) أَجِبْ (أَجِيبِي) عَنِ الْأَسْئِلَةِ الْآتِيةِ مُسْتَعْمِلاً (مُسْتَعْمِلَةً) «فِي» وَ«أَنا» أَوْ «هُوَ» أَوْ «هِيَ» كَما فِي الْمِثالِ :

• أَيْنَ آمِنَةُ الْآنَ؟ ـــــ هِيَ فِي الْمَلْعَبِ الْآنَ.

(١) أَيْنَ الدَّفْتَرُ الْآنَ؟ ـــــــــــــــــــــــ

(٢) أَيْنَ أَنْتِ الْآنَ؟ ـــــــــــــــــــــــ

(٣) أَيْنَ السّاعَةُ الْآنَ؟ ـــــــــــــــــــــــ

(٤) أَيْنَ التِّلْميذُ الْآنَ؟ ـــــــــــــــــــــــ

(٥) أَيْنَ كَمالُ الْآنَ؟ ـــــــــــــــــــــــ

(٦) أَيْنَ أَنْتَ الْآنَ؟ ـــــــــــــــــــــــ

٤٧

(١٥) الدَّرْسُ الْخامِسَ عَشَرَ

الْكِتابُ وَالْقَلَمُ وَالدَّفْتَرُ فِي الْحَقِيبَةِ.

أَيْنَ السَّمَكُ؟ السَّمَكُ فِي الْماءِ.

الشَّمْسُ وَالْقَمَرُ فِي السَّماءِ.

التِّلْمِيذُ فِي الْمَدْرَسَةِ.

أَفِي الْبَيْتِ الْوَلَدُ؟ لا، هُوَ فِي الْمَلْعَبِ.

أَيْنَ الْإِمامُ؟ هُوَ فِي الْمَسْجِدِ.

التَّاجِرُ فِي الدُّكَّانِ، وَالدُّكَّانُ فِي السُّوقِ.

---

* ✓ الْكِتابُ جَدِيدٌ. ✓ كِتابِي جَدِيدٌ. ✗ الْكِتابِي جَدِيدٌ.

تَمارِيْنُ

(١) أَجِبْ (أَجِيبِي) عَنِ الْأَسْئِلَةِ الْآتِيَةِ [الْأَجْوِبَةُ مِنَ النَّصِّ] :

(١) أَيْنَ الْكِتابُ؟ ______________________

(٢) أَيْنَ الشَّمْسُ؟ ______________________

(٣) أَيْنَ السَّمَكُ؟ ______________________

(٤) أَيْنَ الدَّفْتَرُ وَالْكِتابُ؟ ______________________

(٥) أَيْنَ التِّلْمِيذُ؟ ______________________

(٦) أَفِي الْبَيْتِ الْوَلَدُ؟ ______________________

(٧) مَنْ فِي الْمَلْعَبِ؟ ______________________

(٨) أَفِي الْمَدْرَسَةِ التِّلْمِيذُ؟ ______________________

(٩) ماذا فِي السَّماءِ؟ ______________________

(١٠) ماذا فِي الْماءِ؟ ______________________

(١١) ماذا فِي الْحَقِيبَةِ؟ ______________________

(١٢) أَيْنَ الدُّكَّانُ؟ ______________________

(٢) أَكْمِلْ (أَكْمِلِي) كُلَّ جُمْلَةٍ مِمَّا يَأْتِي بِوَضْعِ كَلِمَةٍ مُناسِبَةٍ فِي الْفَراغِ :

(١) الْإِمامُ ______ الْمَسْجِدِ الْآنَ.

(٢) ______ فِي الْماءِ.

(٣) ______ فِي الْمَدْرَسَةِ.

(٤) الشَّمْسُ وَ______ فِي السَّماءِ.

(٥) الْكِتابُ وَالْقَلَمُ فِي ______.

(٦) التَّاجِرُ فِي ______، وَالدُّكَّانُ ______ السُّوقِ.

(٧) ______ فِي الْمَسْجِدِ؟ الْإِمامُ فِي ______.

(٨) ______ بَيْتٌ. الْبَيْتُ كَبِيرٌ.

(٩) تِلْكَ سَيَّارَةٌ. ______ صَغِيرَةٌ.

(١٠) ______ وَكمالٌ فِي الْغُرْفَةِ.

(١١) ______ مُحَمَّدٌ الْآنَ؟ هُوَ فِي الْماءِ.

(١٢) أَيْنَ زَيْنَبُ الْآنَ؟ ______ فِي الْماءِ.

(٣) أَجِبْ (أَجِيبِي) عَنِ الأَسْئِلَةِ الآتِيَةِ مُسْتَعْمِلًا (مُسْتَعْمِلَةً) «أَنَا» أَوْ «هُوَ» أَوْ «هِيَ» :

(١) يا أَخِي، أَيْنَ التَّاجِرُ؟ ____ فِي الدُّكَّانِ.

(٢) يا أُخْتِي، أَيْنَ أَنْتِ؟ ____ هُنَا.

(٣) يا أَبِي، أَيْنَ أُمِّي؟ ____ هُناكَ.

(٤) يا أَخِي، أَيْنَ أَنْتَ الْآنَ؟ ____ الْآنَ فِي الْمَلْعَبِ.

(٤) لَوِّنْ (لَوِّنِي) هٰذِهِ الصُّورَةَ :

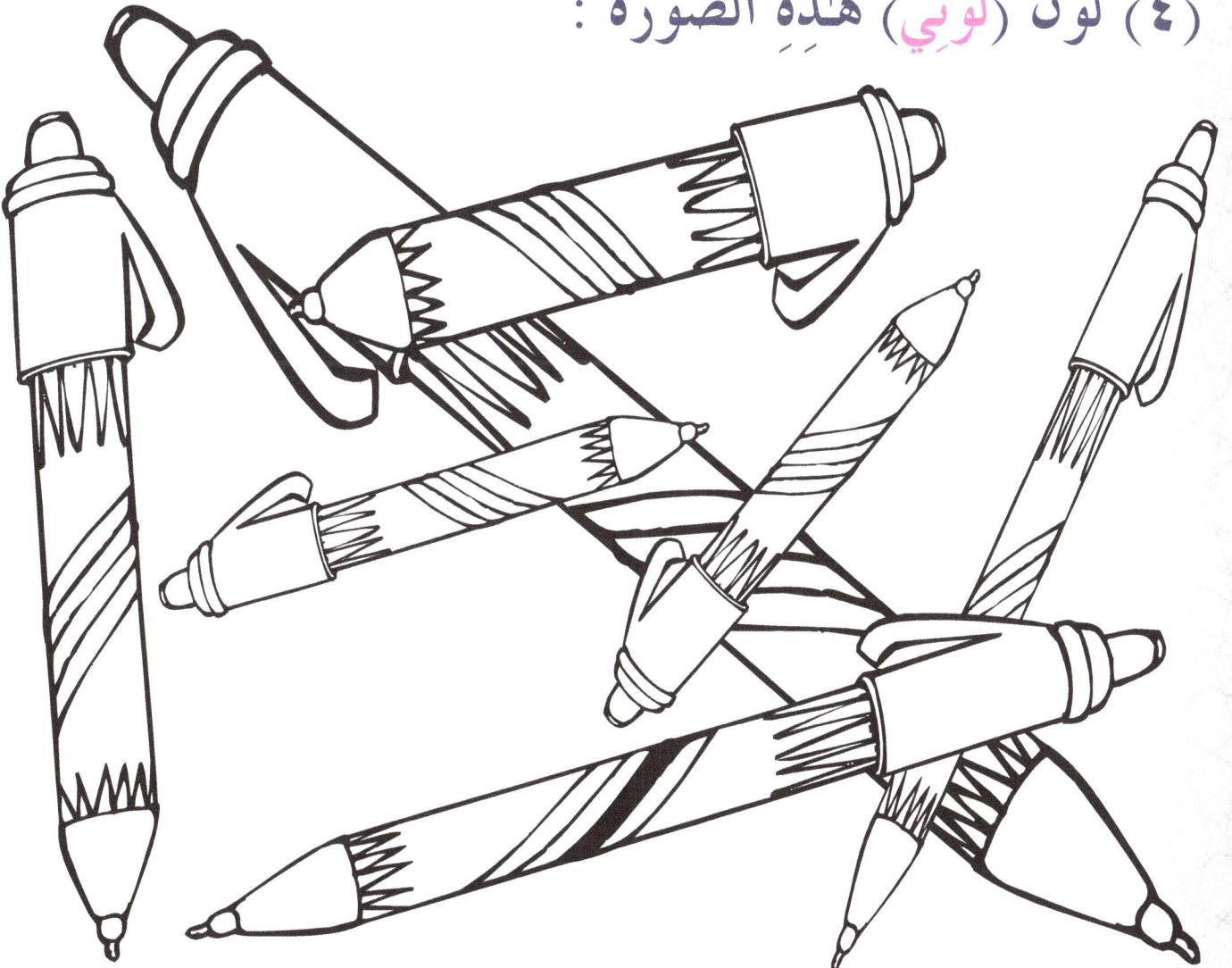

(١٦) الدَّرْسُ السّادِسَ عَشَرَ

- مَا ٱسْمُكَ يا أَخِي؟
- ٱسْمِي مُحَمَّدٌ.

- أَأُخْتُكَ هٰذِهِ؟
- نَعَمْ، هٰذِهِ أُخْتِي.
- وَمَنْ هٰذا؟
- هٰذا أَخِي هِشامٌ.

- أَيْنَ بَيْتُكَ؟
- بَيْتِي هُناكَ. هُوَ بَعِيدٌ. ٱُنْظُرْ.

- وَأَيْنَ مَدْرَسَتُكَ يا أَخِي؟
- هٰذِهِ مَدْرَسَتِي. ٱُنْظُرْ، هِيَ قَرِيبَةٌ. هِيَ هُنا.
- وَكِتابُكَ، أَيْنَ هُوَ؟
- كِتابِي هُنا فِي الْحَقِيبَةِ. وَقَلَمِي وَدَفْتَرِي فِي الْحَقِيبَةِ كَذٰلِكَ.

- يا أَخِي، مَنْ مُدَرِّسُكَ؟
- مُدَرِّسِي الشَّيْخُ حامِدٌ.

- وَمَنْ صَدِيقُكَ؟
- صَدِيقِي كَمالٌ.

تَمارِيْنُ

(١) أَجِبْ عَنِ الْأَسْئِلَةِ الْآتِيَةِ [الْأَجْوِبَةُ مِنَ النَّصِّ] :

(١) ما ٱسْمُكَ؟ ______________________

(٢) أَيْنَ بَيْتُكَ؟ ______________________

(٣) أَيْنَ مَدْرَسَتُكَ؟ ______________________

(٤) مَنْ مُدَرِّسُكَ؟ ______________________

(٥) أَيْنَ قَلَمُكَ؟ ______________________

(٦) وَأَيْنَ كِتابُكَ؟ ______________________

(٧) وَدَفْتَرُكَ، أَيْنَ هُوَ؟ ______________________

(٩) مَنْ صَدِيقُكَ؟ ______________________

(٢) أَضِفْ (أَضِيفِي) كُلَّ ٱسْمٍ مِمَّا يَأْتِي إِلَىٰ ضَمِيرِ الْمُخاطَبِ «كَ»، وَضَمِيرِ الْمُتَكَلِّمِ «ي» كَما فِي الْمِثالِ :

• بَيْتٌ : بَيْتُكَ بَيْتِي

(١) كِتابٌ : ________ ________

(٢) أُخْتٌ : ________ ________

(٣) مُدَرِّسٌ : ________ ________

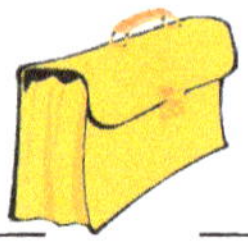

(٤) حَقِيبَةٌ : ________ ________

(٥) صَدِيقٌ : ________ ________

(٦) ٱسْمٌ : ________ ________

(٧) مَدْرَسَةٌ : ________ ________

(٣) تَأَمَّلْ (تَأَمَّلِي) الْكَلِمَتَيْنِ «ٱنْظُرْ» وَ«ٱنْظُرِي» ثُمَّ ٱمْلَأْ (ٱمْلَئِي) الْفَراغَ بِالصِّيغَةِ الصَّحِيحَةِ : • يا أَخِي، ٱنْظُرْ. • يا أُخْتِي، ٱنْظُرِي.

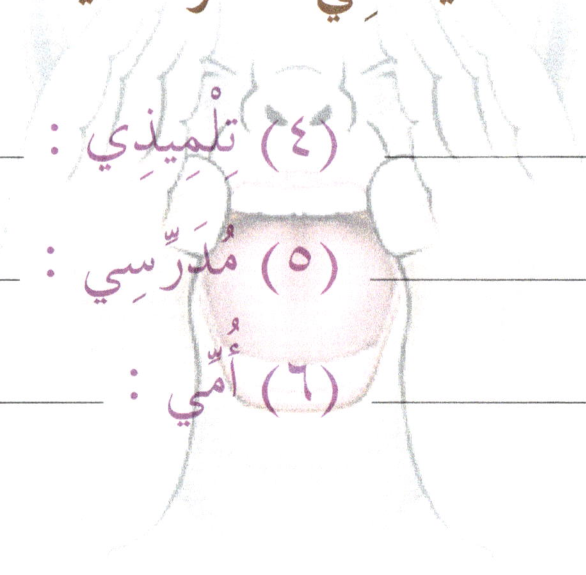

(١) مُدَرِّسَتِي : ________ (٤) تِلْمِيذِي : ________

(٢) تِلْمِيذَتِي : ________ (٥) مُدَرِّسِي : ________

(٣) أَبِي : ________ (٦) أُمِّي : ________

(٤) اِقْرَأْ (اِقْرَئِي) ما يَأْتِي :

(١) يا مَرْيَمُ، ساعَتِي جَمِيلَةٌ. اُنْظُرِي.

(٢) أَخِي صَغِيرٌ، وَأُخْتِي كَبِيرَةٌ.

(٣) أَيْنَ كَمالُ الْآنَ؟ هُوَ هُناكَ. اُنْظُرْ.

(٤) بَيْتُكَ بَعِيدٌ، وَمَدْرَسَتُكَ قَرِيبَةٌ.

(٥) يا أُسْتاذِي، اُنْظُرْ. ماذا فِي حَقِيبَتِي؟!

(٦) أَيْنَ الْإِمامُ الْآنَ؟ هُوَ الْآنَ فِي الْمَسْجِدِ.

(٧) أَقَلَمُكَ هٰذا؟ لا، هٰذا قَلَمُكَ أَنْتَ. قَلَمِي هُناكَ. اُنْظُرْ.

(٨) بَيْتِي نَظِيفٌ، وَغُرْفَتِي نَظِيفَةٌ كَذٰلِكَ.

(٩) أَدَفْتَرِي هٰذا؟ نَعَمْ، هٰذا دَفْتَرُكَ. اُنْظُرْ، هٰذا اسْمُكَ.

(٥) صَحِّحِ (صَحِّحِي) الْجُمَلَ الْآتِيَةَ :

(١) هٰذا الْقَلَمُكَ. ______________________

(٢) الشَّيْخُ حامِدُ فِي الْمَدْرَسَةُ. ______________________

(٣) أَيْنَ بَيْتُ أَنْتَ يا أَخِي؟ ______________________

(٤) الْكِتابِي هُناكَ. ______________________

(٦) صِلْ (صِلِي) بَيْنَ الْأَسْئِلَةِ فِي «أ» وَأَجْوِبَتِها فِي «ب» :

(ب)	(أ)
نَعَمْ، هُوَ نَظِيفٌ.	يا شَيْخِي، أَبارِدُ الْماءُ؟
اسْمِي هِشامٌ.	مَنْ فِي الْمَلْعَبِ؟
الْحَقِيبَةُ فِي الْغُرْفَةِ.	أَبَعِيدَةٌ مَدْرَسَتُكَ؟
نَعَمْ، الْماءُ بارِدٌ.	ما اسْمُكَ؟
لا، هِيَ قَرِيبَةٌ.	أَقَرِيبٌ الْقَمَرُ؟
الْوَلَدُ فِي الْمَلْعَبِ.	ماذا فِي الْغُرْفَةِ؟
لا، الْقَمَرُ بَعِيدٌ.	أَنَظِيفٌ بَيْتُكَ؟

(١١) يَسْأَلُ كُلُّ زَمِيلَهُ :"يا أَخِي/يا أُخْتِي : ما هٰذا؟ / ما هٰذِهِ؟"

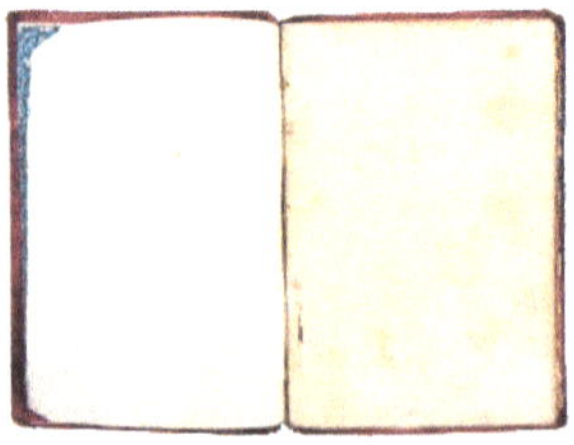

(٨) اِمْلَأْ (اِمْلَئِي) الْفَراغاتِ بِالْكَلِمَةِ الْمُناسِبَةِ :

الْماءِ ◦ تاجِرٌ ◦ أَخِي ◦ فِي ◦ كَذٰلِكَ ◦ تِلْمِيذَةٌ ◦ نَعَمْ ◦ السَّماءِ

(١) ما اسْمُكَ يا ______؟

(٢) أَيْنَ السَّمَكُ؟ هُوَ فِي ______.

(٣) أَ______ أَنْتِ؟ نَعَمْ، أَنا تِلْمِيذَةٌ. مَدْرَسَتِي هُناكَ.

(٤) الشَّمْسُ فِي ______، وَالْقَمَرُ فِي السَّماءِ كَذٰلِكَ.

(٥) أَبِي ______. هُوَ فِي الدُّكّانِ الْآنَ. الدُّكّانُ قَرِيبٌ.

(٦) أَخِي فِي السُّوقِ، وَأُخْتِي فِي السُّوقِ ___

(٧) أَيْنَ حَقِيبَتِي؟ هِيَ ______ السَّيّارَةِ.

(٨) أَمُسْلِمٌ صَدِيقُكَ هٰذا؟ ______، هُوَ مُسْلِمٌ.

(١١) يَسْأَلُ كُلٌّ زَمِيلَهُ :"يا أَخِي/يا أُخْتِي : مَنْ هٰذا؟ / مَنْ هٰذِهِ؟"

(١٧) الدَّرْسُ السّابِعَ عَشَرَ

- ما ٱسْمُكِ يا أُخْتِي؟
- ٱسْمِي مَرْيَمُ.
- أَيْنَ أُمُّكِ يا مَرْيَمُ؟
- هِيَ فِي الْمَدْرَسَةِ. هِيَ مُدَرِّسَةٌ.

- وَمَنْ هُناكَ؟ أَأُخْتُكِ تِلْكَ؟
- نَعَمْ، تِلْكَ أُخْتِي. هِيَ تِلْمِيذَةٌ.
- أَيْنَ بَيْتُكِ يا مَرْيَمُ؟
- بَيْتِي قَرِيبٌ. هُوَ هُنا. ٱُنْظُرِي، هٰذا بَيْتِي.
- مَنْ صَدِيقَتُكِ؟
- صَدِيقَتِي زَيْنَبُ.

تَمارِيْنُ

(١) أَجِيبِي عَنِ الْأَسْئِلَةِ الآتِيَةِ [الْأَجْوِبَةُ مِنَ النَّصِّ] :

(١) ما ٱسْمُـكِ؟ ______________________

(٢) أَيْنَ أُمُّـكِ؟ ______________________

(٣) أَفِي الْبَيْتِ أُمُّـكِ؟ ______________________

(٤) أَطَبِيـبَةٌ أُمُّـكِ؟ ______________________

(٥) أَيْنَ أُخْـتُـكِ؟ ______________________

(٦) أَمُدَرِّسَةٌ أُخْـتُـكِ؟ ______________________

(٧) أَيْـنَ بَـيْـتُـكِ؟ ______________________

(٨) أَبَعِـيدٌ بَـيْـتُـكِ؟ ______________________

(٩) مَنْ صَدِيقَـتُـكِ؟ ______________________

(١٠) زَيْـنَبُ، أَصَدِيقَـتُـكِ هِيَ؟ ______________________

(٢) ٱضْبِطْ (ٱضْبِطِي) «كافَ الْخِطابِ : كَ/كِ» فِيما يَلِي :

(١) أَيْنَ دُكّانُك يا أَخِي؟

(٢) دَرّاجَتُك جَمِيلَةٌ يا زَيْنَبُ.

(٣) أَيْنَ غُرْفَتُك يا تِلْمِيذِي؟

(٤) أَسَمَكُك هٰذا يا أَخِي؟

(٥) مَنْ صَدِيقُك يا أُسْتاذِي؟

(٦) أَيْنَ حَقِيبَتُك يا أُمِّي؟

(٧) أَبارِدَةٌ غُرْفَتُك يا أَبِي؟

(٨) ساعَتُك جَدِيدَةٌ يا أُخْتِي.

(٩) دَفْتَرُك قَدِيمٌ يا وَلَدِي.

(١٠) مَنْ مُدَرِّسَتُك يا خَدِيجَةُ؟

(١١) أُخْتُك صَغِيرَةٌ يا مُدَرِّسَتِي.

(١٢) أَبَعِيدَةٌ مَدْرَسَتُك يا ٱبْنِي؟

(١٣) أَبَعِيدَةٌ مَدْرَسَتُك يا بِنْتِي؟

(٣) حَوِّلْ (حَوِّلِي) الْجُمَلَ الآتِيَةَ عَلَىٰ غِرارِ الْمِثالِ :

● **الْمِثالُ : ما ٱسْمُكَ يا أَخِي؟**

ما ٱسْمُكِ يا أُخْتِي؟ **(أُخْتِي)**

(١) أَيْنَ بَيْتُكَ يا أَخِي؟

____________________ (أُخْتِي)

(٢) قَلَمُكَ قَدِيمٌ يا أَبِي.

____________________ (أُمِّي)

(٣) أَأُخْتُكَ هٰذِهِ يا تِلْمِيذِي؟

____________________ (تِلْمِيذَتِي)

(٤) أَيْنَ غُرْفَتُكَ يا ٱبْنِي؟

____________________ (بِنْتِي)

(٥) السَّماءُ جَمِيلَةٌ. ٱنْظُرْ يا أَخِي.

____________________ (أُخْتِي)

(٦) أَقَرِيبٌ بَيْتُكَ يا صَدِيقِي؟

____________________ (صَدِيقَتِي)

(٧) حَقِيبَتُكَ جَمِيلَةٌ يا أُسْتاذِي.

____________________ (أُسْتاذَتِي)

(٤) اِقْرَأْ (اِقْرَئِي) كُلَّ جُمْلَةٍ مِمّا يَلِي بِما فِيها مِنَ الصُّوَرِ :

(١) يا فاطِمَةُ، هٰذا ـي. أَيْنَ ـكِ؟

(٢) أَنا قَديـمَةٌ، وَـي جَديدَةٌ، وَالْحَمْدُ لِلّٰهِ.

(٣) الـفِي الـ. أَيْنَ الـ؟

(٤) هٰذِهِ ـي، وَتِلْكَ ـي. أَيْنَ ـكَ؟

(٥) ذٰلِكَ . هُوَ فِي الْـ. أَيْنَ الْـ؟

(٦) أَيْنَ الْـالْآنَ؟ هُوَ الْآنَ فِي الْـ.

(٧) الـوَالْـفِي الـ. الـجَميلَةٌ.

(٨) ماذا فِي ـكَ؟ فِي ـي وَ.

(٩) يا أَخِي، مَنْ فِي الْـالْآنَ؟ الْـفِي الْـ.

(١٠) ـي فِي الْـ، وَـي فِي الـ.

(١١) أَكِ ذٰلِكَ؟ لا، ذٰلِكَ ـي. هُوَ كَبيرٌ.

(١٢) هٰذا ـي، هُوَ . وَهٰذِهِ ـي، هِيَ .

Dictation / الْإمْلاء

كَلِماتُ الْكِتابِ*

(١) : هٰذا ○ بَيْتٌ ○ مَسْجِدٌ ○ ما...؟ ○ وَ ○ أَ...؟ ○ نَعَمْ ○ لا

(٢) : ذٰلِكَ

(٣) : هٰذِهِ ○ هِشامٌ ○ آمِنَةُ ○ مَنْ...؟ ○ جَمالٌ ○ زَيْنَبُ ○ كَمالٌ ○ مَرْيَمُ ○ حامِدٌ ○ فاطِمَةُ

(٤) : تِلْكَ

(٥) : كِتابٌ ○ دَفْتَرٌ ○ قَلَمٌ

(٦) : ي (بَيْتِي) ○ صَغِيرٌ ○ جَمِيلٌ ○ نَظِيفٌ

(٧) : سَيَّارَةٌ ○ دَرَّاجَةٌ ○ كَبِيرَةٌ (ة/ـة) ○ كَبِيرٌ ○ ساعَةٌ ○ أُمٌّ ○ صَغِيرَةٌ ○ جَمِيلَةٌ ○ نَظِيفَةٌ

(٨) : أَنا ○ أَبٌ ○ أَخٌ ○ أُخْتٌ ○ طَبِيبٌ ○ مُدَرِّسَةٌ ○ مُدَرِّسٌ ○ جَدِيدٌ ○ قَدِيمٌ ○ جَدِيدَةٌ ○ قَدِيمَةٌ

(٩) : أَنْتَ ○ يا (يا أَخِي)** ○ مُسْلِمٌ ○ أُسْتاذٌ ○ أُسْتاذَةٌ ○ الْحَمْدُ لِلّٰهِ

(١٠) : أَنْتِ ○ خَدِيجَةُ ○ بِنْتٌ ○ ٱبْنٌ ○ مُحَمَّدٌ ○ مُسْلِمَةٌ

(١١) : أَيْنَ...؟ ○ هُوَ ○ هُنا ○ هُناكَ ○ هِيَ

(١٢) : اَلْ (الْكِتابُ) ○ ماءٌ ○ بارِدٌ

---

* ذَكَرْنا كُلَّ كَلِمَةٍ جَدِيدَةٍ مَهْما كانَتْ. فَـ«قَرِيبٌ» يُذْكَرُ ثُمَّ «قَرِيبَةٌ» إِذا وَرَدَتْ لَفْظًا أَوْ صُورَةً.

** هٰذا لِلْمُنادَىٰ الْمُضافِ إِلَىٰ ياءِ الْمُتَكَلِّمِ.

(١٣) : فِي ○ مَلْعَبٌ ○ إمامٌ ○ الْآنَ ○ مَدْرَسَةٌ ○ غُرْفَةٌ

(١٤) : الْحُرُوفُ الْقَمَرِيَّةُ وَالْحُرُوفُ الشَّمْسِيَّةُ*

(١٥) : حَقِيبَةٌ ○ سَمَكٌ ○ تِلْمِيذٌ ○ الشَّمْسُ ○ الْقَمَرُ ○ السَّماءُ ○ وَلَدٌ ○ تاجِرٌ ○ دُكّانٌ ○ سُوقٌ ○ ماذا...؟

(١٦) : ٱسْمُ ○ كَ (ٱسْمُكَ) ○ بَعِيدٌ ○ ٱنْظُرْ ○ كَذٰلِكَ ○ شَيْخٌ ○ صَدِيقٌ ○ قَرِيبَةٌ ○ تِلْمِيذَةٌ

(١٧) : كِ (ٱسْمُكِ) ○ قَرِيبٌ ○ ٱنْظُرِي ○ بارِدَةٌ ○ بَعِيدَةٌ

نَنْصَحُ لِلْمُدَرِّسِ أَنْ يُدَرِّسَ الْكِتابَ ثَلاثًا. فِي الْقِراءَةِ الْأُوْلَىٰ يُتِمُّ دَرسًا واحِدًا فِي كُلِّ حِصَّةٍ – دونَ أَنْ يَحُلَّ التِّلْمِيذُ التَّمارِينَ (ما عَدا التَّلْوِينَ).
وفِي الْقِراءَةِ الثّانِيَةِ يَحُلُّ نِصْفَ ما في كلِّ دَرْسٍ، لا كُلَّهُ. وفِي الْقِراءَةِ الثّالِثَةِ يَحُلُّ بَقِيَّةَ التَّمارِينِ. كَذٰلِكَ فِي أَثْناءِ الْقِراءَةِ الثّالِثَةِ يُوجِبُ الْمُدَرِّسُ عَلَىٰ الدّارِسِينَ حَلَّ التَّمارِينِ الْوارِدَةِ فِي كِتابِها الْمُسْتَقِلِّ إِمّا فِي الْبَيْتِ، وإِمّا فِي الفَصْلِ.

يُنْطَقُ (أنا) وَصْلاً : أَنَ. أمّا وَقْفًا فَبِالْمَدِّ.

شُكْرًا جَزِيلًا يا عارِفُ وَعامِرُ.

* إِنَّ الْكَلِماتِ الْوارِدَةَ هٰهُنا لِمُجَرَّدِ الْقِراءَةِ. لَمْ يُكَرَّرْ ذِكْرُها فِي الْكِتابِ فَلَمْ تُوْضَعْ فِي الْفِهْرِسِ.

About The Author

Dr V. Abdur Rahim is an outstanding scholar of Arabic Language. He was Professor of Arabic for 30 years at the world renowned Islamic University, Medinah, Saudi Arabia, and has been teaching Arabic to non-native speakers for 50 years. He is currently the director of the Translation Centre at the King Fahd Qur'an Printing Complex.

About The Reviser/Co-Author

Muhammad Taha Abdullah is an American convert to Islam since 1989. He studied at the Islamic University of Medinah, Saudi Arabia in the early 1990's. He is forty-four years old, married, has nine children and resides in Malaysia. He has been teaching Arabic for almost twenty years, and has written over 25 books related to Dr V. Abdur Rahim's revolutionary books and methodology.

How This Book Was Made

This book was created with Adobe InDesign, Adobe Illustrator and Adobe Photoshop (all Middle Eastern versions). The InDesign document was converted into a PDF using Adobe Acrobat Pro version 9.0.

Only Traditional Arabic Bold (مِثْلُ هٰذا) was used which I've modified using a font creator program; **bold dark blue** for captions, **bold pink** for feminine verbs, **bold purple** for text, and **bold brown** for examples. Font size begins at 36 at page one, and ends at 31.

For page numbers I've used Simplified Arabic (١ ٢ ٣), as I've found it to be a bit easier to distinguish.

Please visit both Dr V. Abdur Rahim's website as well as mine for additional material and info relating to the Arabic Language, as well as teaching methodology :

www.DrVaniya.com   www.Taha-Arabic.com

❀   ❀   ❀

Books By Muhammad Taha Abdullah and Dr V. Abdur Rahim :